GALERIE
CRESPI

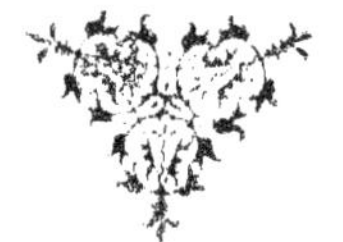

GALERIE CRESPI

CONDITIONS DE LA VENTE

Elle sera faite au comptant.

Les acquéreurs paieront **dix pour cent** en sus des enchères.

Paris. — Imp Georges Petit, 12, rue Godot-de-Mauroi. — 23603-14.

CATALOGUE

DES

TABLEAUX

DES

Écoles Italienne, Allemande Flamande, Française et Hollandaise

ET DES SCULPTURES

PROVENANT DE LA

GALERIE CRESPI

DE MILAN

DONT LA VENTE AUX ENCHÈRES PUBLIQUES

AURA LIEU A PARIS

HOTEL DROUOT, Salles Nos 9 & 10

Le Samedi 6 Juin 1914, à 2 heures

COMMISSAIRES-PRISEURS

Me F. LAIR-DUBREUIL
6, rue Favart, 6

Me HENRI BAUDOIN
10, rue de la Grange-Batelière, 10

EXPERTS

MM. TROTTI & Cie
8, place Vendôme, 8

M. JULES FÉRAL
7, rue Saint-Georges, 7

EXPOSITION PUBLIQUE

Le Vendredi 5 Juin 1914, de 1 h. 1/2 à 6 heures.

Entrée par la rue Grange-Batelière.

TABLEAUX

PREMIÈRE PARTIE

ÉCOLES D'ITALIE

ALBANE

(École de FRANCESCO ALBANI, dit l')

Bologne, 1578 † Bologne, 1660.

1 — **Diane et Callisto.**

Dans un paysage boisé, la déesse nue, un croissant dans ses cheveux blonds, est assise à gauche, sur le bord d'un ruisseau, dans l'eau duquel baigne un de ses pieds; elle tient une longue flèche dans sa main droite et désigne, de la gauche, Callisto sortant du bain, à droite, avec deux autres nymphes. Devant la déesse, une nymphe vue de dos, à mi-corps, dans l'eau du ruisseau. Au milieu, perspective de campagne, avec un lac à l'arrière-plan, sous un ciel doré par le couchant.

Toile. Haut., 73 cent.; larg., 97 cent.

ANGUISCIOLA

(SOPHONISBA)

Crémone, vers 1535 † Palerme, 1626.

2 — Portrait d'une des sœurs de l'artiste.

Le corps tourné de profil vers la droite et le visage presque de face, les yeux regardant le spectateur, la jeune fille a le cou entouré d'une petite collerette tuyautée, et porte un riche corsage de velours bleu-vert brodé d'or, ouvert aux épaules pour laisser passer des manches de satin rouge, également brodées d'or. Sur le devant du corsage, un bijou est suspendu à une triple chainette d'or, passée en sautoir. Dans les cheveux, un diadème d'or et de perles. Fond sombre.

Toile. Haut., 49 cent., larg., 37 cent.

C'est la même jeune fille, que l'on voit à mi-corps, à gauche du tableau de la galerie Raczinski, à Berlin, intitulé : *la Partie d'échecs*, et dans lequel Sophonisba Anguisciola a représenté trois de ses sœurs jouant aux échecs sous les regards d'une vieille servante. La pose, la coiffure, le costume et les bijoux sont presqu'identiques, ainsi qu'on en jugera par la reproduction de ce tableau publiée dans : Fournier-Sarlovèze, *Artistes oubliés* (Paris, 1902), pl., p. 21.

BOCCACCINO

(BOCCACIO)

Ecole de Crémone. Fin du XVe — début du XVIe siècle.

3 — Le Père éternel.

Il est représenté sous la figure d'un vieillard à la longue barbe blanche, vu en buste, de face, les yeux baissés. Sa main gauche est posée sur un globe transparent, et sa droite levée, dans le geste de bénir. Sur sa robe grise, il porte une chape de couleur sombre, bordée d'orfroi et doublée de rouge grenat. En haut, de chaque côté de la gloire lumineuse qui l'environne, on voit un chérubin.

Bois. Haut., 41 cent.; larg., 49 cent.

Collection E. Finzi, de Crémone.

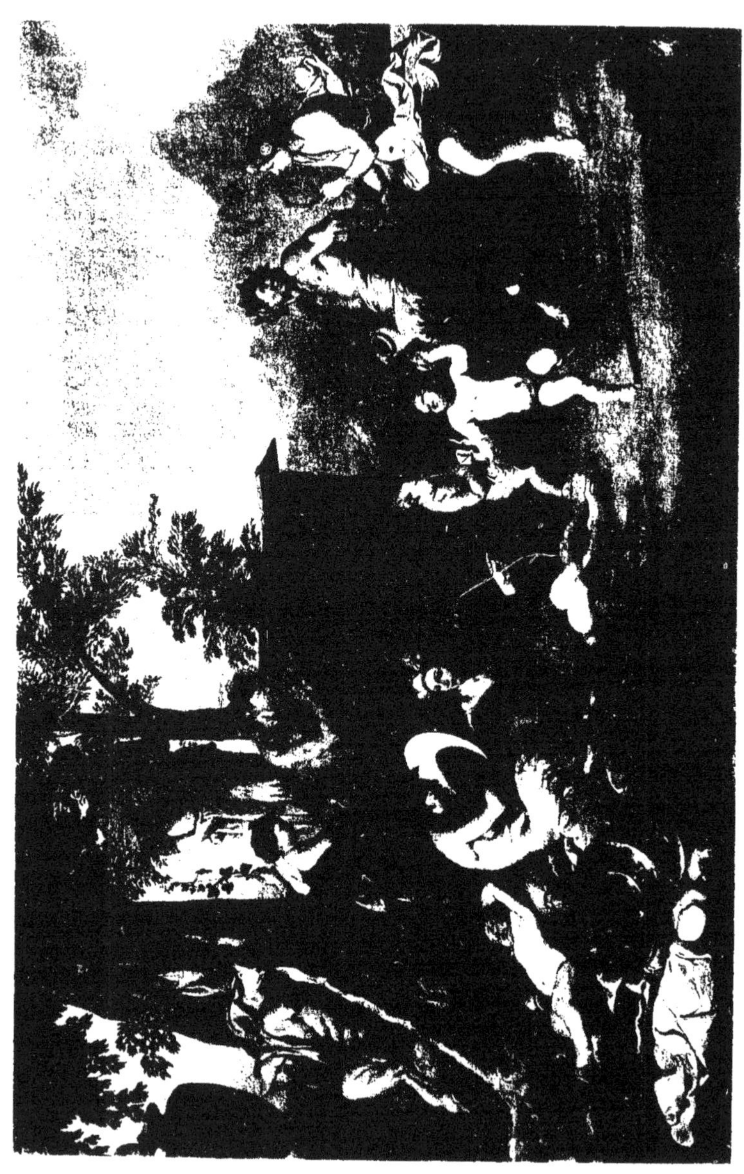

BRONZINO

(Attribué à ANGELO DI COSIMO), dit le

Monticelli, vers 1502 † Florence, 1572.

4 — Portrait d'un jeune homme.

Il est vu en buste, le visage presque de face, les regards dirigés vers la droite. Ses cheveux bruns découvrent le front. Il porte un vêtement sombre, avec une collerette de lingerie, bordée d'un petit plissé. Fond neutre.

Bois. Haut., 59 cent.; larg., 47 cent.

On lit, au dos du panneau, cette indication, d'une écriture ancienne : *Philippus Bondel Montes, Laurentii filius.*

CARPIONI

(GIULIO)

Venise, 1611 † Vérone, 1674.

5 — Bacchanale.

Des bacchantes et des faunes sont groupés à gauche, les uns debout, les autres étendus sur le sol, près d'une statue du dieu Pan, dressée à l'ombre des arbres ; deux d'entre eux jouent de la flûte et du tambourin, et font danser, à droite, sur une aire aplanie, un faune portant une urne, une bacchante agitant un tambourin, et deux enfants. Au fond, de ce côté, une maisonnette dans la campagne.

Toile. Haut., 78 cent.; larg., 1 m. 18.

Collection G. Frizzoni, de Milan.

Photographie L. Dubray, Milan, nº 187.

Reproduit dans A. Venturi, *la Galleria Crespi in Milano, note et raffronti* (Milano, 1900), p. 178.

Cf. A. Venturi, *la Galleria Crespi, etc., op. cit.*, p. 17 : — U. Thieme, *Allgemeines Lexicon der bildenden Künstler* (Leipzig, 1908 et ss.), t. VI, p. 50, 2ᵉ col., au mot *Giulio Carpioni* (article signé : R.).

CARPIONI
(GIULIO)

6 — Bacchanale.

Des satyres et une bacchante au torse nu, brandissant son tambourin, hissent sur le dos d'un cheval, au milieu de la composition, un gros bacchant qui chancelle. A gauche, un enfant et un petit satyre dansent en agitant des cymbales. A droite, au delà d'un petit mur sur lequel est étendue une bacchante, et du haut duquel une femme se penche pour regarder la scène, s'avancent deux autres enfants, dont l'un joue de la flûte. Au milieu, une colonne et un arbre. Fond de paysage.

Toile. Haut., 28 cent.; larg., 43 cent.

Cf. A. Venturi, *la Galleria Crespi, etc., op. cit.*, p. 175; — U. Thieme, *Allgemeines Lexicon, etc., op. cit.*, t. VI, p. 50, 2e col., au mot *Giulio Carpioni* (article signé : R.).

CARPIONI
(GIULIO)

7 — La Manne.

Sur un geste de Moïse, debout au second plan, à gauche, la manne tombe du ciel et les Hébreux s'empressent de la recueillir. Des femmes la ramassent sur le sol; d'autres femmes tendent des linges pour la recevoir; d'autres encore en nourrissent des vieillards et des enfants. Un homme, à demi nu, debout vers la droite, lève vers le ciel un vaste plateau, et un autre, en rouge, monté dans un arbre, de ce côté, tient un linge dans ses bras étendus.

Toile. Haut., 1 m. 06; larg., 92 cent.

CIFRONDI
(ANTONIO)
Clusone, 1657 + Brescia, 1730.

8 — Portrait d'un homme âgé.

En buste, tourné de trois-quarts vers la droite, il fixe sur le spectateur le regard de ses yeux profonds, surmontés d'épais sourcils noirs. Le sommet de son crâne est complètement chauve; de chaque côté de la tête, de longs cheveux blancs descendent sur les épaules. Des rides accentuent les coins du nez long et fort, et les commissures des lèvres. Il porte un vêtement sombre, sur lequel tranche un foulard blanc, noué autour du cou et tombant sur la poitrine. Fond sombre.

Toile. Haut., 64 cent.; larg., 44 cent.

COSTA
(Attribué à LORENZO)
Ferrare, 1460 + Mantoue, 1535.

9 — Le Christ mort.

Il est vu en buste, de face, les yeux clos. Le sang ruisselle de son front couronné d'épines et coule de la plaie de son côté. Derrière lui, le bois de la croix. Fond bleu pâle, avec deux bandes grises et brunes, formant encadrement, dans le haut du tableau.

Bois, légèrement cintré. Haut., 33 cent.; larg., 35 cent.

CRESPI
(GIOVANNI-BATTISTA),
dit IL CERANO
Cerano, 1557 + Milan, 1633.

10 — Ecce Homo.

Le Christ est vu en buste, presque de face, son douloureux visage incliné à droite et son front sanglant, couronné d'épines. Sur sa poitrine nue, descend, de chaque côté du cou, une corde nouée autour du poignet droit. Dans la main, ramenée sur le devant du corps et retenant la robe rouge sur la poitrine, un roseau. Fond sombre.

Bois. Haut., 27 cent., larg., 24 cent.

FOPPA

(Attribué à VINCENZO)

Foppa, vers 1427 ✝ ?, après 1502.

11 — **L'Incrédulité de saint Thomas.**

A droite, le Christ, vu jusqu'à la taille, le corps de face et le visage de trois-quarts, légèrement incliné à gauche, étend le bras droit, montrant sa poitrine découverte, et retient de la main gauche le manteau rouge dans lequel il est à demi drapé. A gauche, saint Thomas, vu en buste, la main gauche sur la poitrine, lève les yeux vers le Christ, dont il touche, de la main droite, le côté percé d'un coup de lance. Fond de ciel bleu.

Toile. Légèrement cintré du haut. Haut., 55 cent.; larg., 90 cent.

FRANCIA

(GIACOMO RAIBOLINI, dit le)

Bologne, 1486 ✝ Bologne, 1557.

12 — **Saint François d'Assise.**

Il est représenté à mi-corps, de face, la tête légèrement penchée à droite, les regards dirigés de ce côté. Ses mains, marquées des divins stigmates, sont croisées sur sa poitrine, la droite tenant une croix. Il porte un habit de religieux, de couleur grise. Fond de paysage. Ciel bleu.

Bois. Haut., 55 cent.; larg., 43 cent.

GHISLANDI

(FRA VITTORE)

San Leonardo, 1655 ✝ Venise, 1743.

13 — **Portrait de jeune homme.**

En buste, le corps légèrement tourné de trois-quarts vers la gauche, il présente, presque de face, son visage imberbe sur lequel est concentrée la lumière. Il a la bouche entr'ouverte et les yeux fixés sur le spectateur. Une abondante chevelure brune descend sur ses épaules. Sur son vêtement rouge, il porte un jabot plat, de batiste blanche. Fond neutre.

Toile. Haut., 40 cent.; larg., 35 cent.

Collection des Comtes Albani, de Bergame.

GIORDANO

(Manière de LUCA),
dit FA PRESTO

Naples, 1632 † Naples, 1705.

14 — Le Retour de l'Enfant prodigue.

Le jeune homme, à demi nu, se précipite dans les bras de son père penché vers la droite. Derrière celui-ci, à gauche, trois personnages, dont une vieille femme, regardent la scène. A droite, un homme lève la main. Au-dessus de ce dernier, une échappée de ciel.

Toile. Haut., 1 m. 41 ; larg., 1 m. 70.

GUERCHIN

(GIOVANNI FRANCESCO BARBIERI, dit le)

Cento, 1591 † Bologne, 1666.

15 — Saint Pierre.

Il est vu à mi-corps, la tête, à la barbe et aux cheveux gris, levée vers le ciel et tournée de trois-quarts à gauche. Des larmes coulent de ses yeux. Le manteau rouge, qu'il retient, en même temps qu'un linge blanc, de la main gauche levée, lui laisse le torse nu. Le bras droit est accoudé à une tablette, la main ramenée sur le devant du corps et tenant une clef, à laquelle une autre clef est suspendue par une corde. Fond sombre.

Toile. Haut., 1 m. 10; larg., 85 cent.

Reproduit dans A. Venturi, *la Galleria Crespi, etc., op. cit.*, p. 302.

Cf. A. Venturi, *la Galleria Crespi, etc., op. cit.*, p. 301.

Œuvre des dernières années de l'artiste, quand il se faisait aider par ses élèves, surtout par Lorenzo Gennari.

GUERCHIN

(École de FRANCESCO BARBIERI, dit le)

16 — La Femme au turban.

En buste, tournée vers la droite, elle a le corps de profil, et la tête, coiffée d'un large turban, vue de trois-quarts et appuyée sur la main gauche. Son regard est songeur. Elle porte une robe rouge sombre, échancrée au cou et laissant voir la chemise sur le devant du corsage et aux manches. Effet d'éclairage vigoureux. Fond jaunâtre.

Toile. Haut., 65 cent.; larg., 48 cent.

Collection O. Bonfanti, de Milan.

LOMAZZO

(GIOVANNI PAOLO)

Milan, 1538 ✝ Milan (?), vers 1600.

17 — Saint Jérôme.

Il est debout, à mi-corps, tourné de profil vers la droite. Le manteau rouge qui le drape laisse à découvert la poitrine et tout le côté droit. Les yeux fixés sur un crucifix qu'il tient de la main gauche, il a, dans sa main droite, une pierre et s'en frappe la poitrine. Fond sombre.

Bois. Haut., 70 cent.; larg., 53 cent.

Reproduit dans A. Venturi, *la Galleria Crespi, etc., op. cit.*, p. 283.
Cf. A. Venturi, *la Galleria Crespi, etc., op. cit.*, p. 283.

MARIESCHI

(JACOPO ou GIACOMO)

Venise, 1711 ✝ Venise (?), 1794.

18 — Vue de Venise : le Bassin de Saint-Marc.

La vue est prise de l'extrémité du quai des Esclavons, qui décrit une vaste courbe vers la gauche, encadrant le bassin de Saint-Marc, animé de gondoles, de barques à voiles et de navires. Au fond, vers le milieu, les Prisons, le Palais ducal, au-dessus duquel on aperçoit les dômes de Saint-Marc et le Campanile; puis la Piazzetta et la Zecca. Vers la gauche, l'entrée du Grand Canal et l'église de la Salute. Nombreux petits personnages sur le quai.

Toile. Haut., 71 cent.; larg., 1 m. 13.

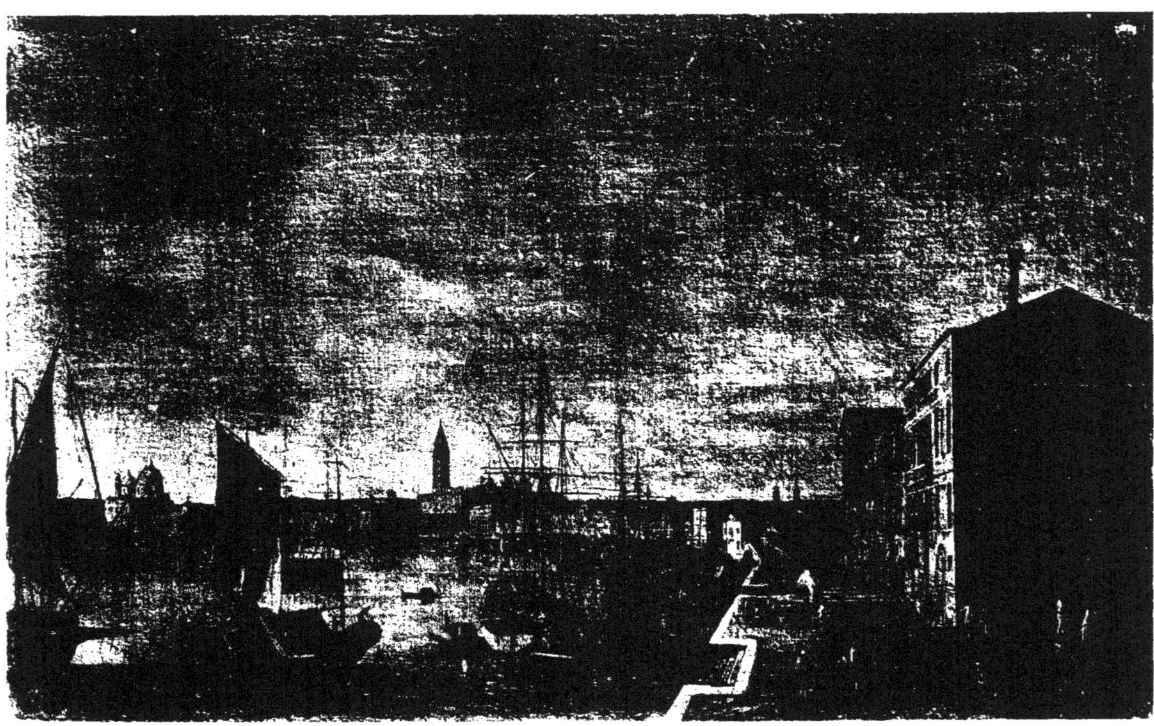

MAZZOLA

(Attribué à FILIPPO)

Parme, fin du xve siècle † ?, 1505.

19 — Saint Christophe.

Debout dans l'eau d'une rivière, les jambes et les cuisses nues, il est vêtu d'un court sayon blanc, sur lequel est jeté un manteau grenat. La main droite sur la hanche, il s'appuie de la gauche à un fort bâton terminé par une touffe de feuillage. Sur son épaule droite, est assis l'Enfant Jésus, en robe bleue, qui porte, d'une main, le globe surmonté d'une croix, et tient, de l'autre, les cheveux du saint.

A l'arrière-plan, la rivière.

Toile. Haut., 1 m. 18; larg., 83 cent.

Collection du comte Cernazai, d'Udine (vente à Udine, 24-31 octobre 1900, n° 87).

MAZZUOLA

(GIROLAMO BEDOLO, dit)

San Lazzaro, première moitié du xvie siècle † ?, peu après 1566.

20 — L'Enfant Jésus et le petit saint Jean.

Les deux enfants sont assis côte à côte sur un petit tertre. Saint Jean, à gauche, le corps ceint d'une peau de bête, se penche vers la droite et embrasse l'Enfant Jésus, nu, qui lui caresse la joue de la main. Au premier plan, à droite, un agneau. Près de saint Jean, une petite croix. Fond de verdure et de fleurs.

Toile. Haut., 38 cent.; larg., 50 cent.

Attribué aussi à Alessandro Mazzuola (mort en 1608), fils et élève de Girolamo.

MORAZZONE

(Attribué à PIETRO FRANCESCO MAZZUCHELLI, dit le)

Morazzone, 1571 † Plaisance, 1626.

21 — Vierge à l'Enfant.

La Vierge est vue à mi-corps, tournée de trois-quarts vers la gauche, la tête recouverte de son manteau mauve à doublure bleue, les yeux baissés; elle retient d'une main contre sa poitrine, l'Enfant nu qui lui entoure le cou de son bras droit, tandis que, de la main gauche, il appuie un globe surmonté d'une croix sur le bras de sa Mère. Celle-ci porte un sceptre dans sa main droite. Fond sombre, avec des nuages qui s'écartent, vers le haut, pour laisser voir une lueur.

Toile. Haut., 85 cent.; larg., 67 cent.

PALMA VECCHIO

(GIACOMO D'ANTONIO DE NEGRETI, dit)

Serinalta, vers 1480 † Venise, 1528.

22 — Sainte Catherine de Sienne.

En buste, elle a le visage légèrement tourné de trois-quarts vers la droite, les regards dirigés de ce côté et fixés sur un cœur, qu'elle tient de la main gauche et d'où sort un crucifix. Elle porte un manteau noir, un voile, une guimpe et une robe de couleur blanche. De la main droite, en partie visible au ras du cadre, elle tient un livre et une branche de lis. Fond de ciel bleu.

Bois. Haut., 52 cent.; larg., 45 cent.

Cf. G. Frizzoni, *Nuove rivelazioni intorno a Jacopo Palma il Vecchio*, dans *Rassegna d'arte* (1906), p. 116.

PREVITALI

(ANDREA)

Brembate Superiore, 1480 (? † ?), vers 1525.

23 — Un Saint Évêque.

A mi-corps, presque de face, il a les regards abaissés vers la droite. Sa tête, à la longue barbe blanche, est coiffée d'une mitre, enrichie de pierreries et de bandes d'orfroi. Il porte, sur son aube, une chape de brocart d'or, ornée, sur le devant, d'un fermail de pierreries. La main gauche appuyée sur sa crosse, il tient de la droite, contre sa poitrine, un livre fermé. Fond de ciel, au-dessus d'un paysage indistinct.

Bois. Haut., 62 cent.; larg., 46 cent.

PREVITALI

(ANDREA)

24 — Trois saints personnages.

Au milieu, un saint évêque, vu de face, à mi-jambes, est assis sur son trône, tenant la crosse de la main gauche et levant la droite dans le geste de bénir; sa tête barbue est coiffée de la mitre; sur son aube, où croise l'étole rouge, il porte une chape vert sombre, bordée d'or et doublée de rose, et des gants blancs. A gauche, saint Matthieu, tenant le livre des Évangiles, est debout à mi-corps, le visage tourné de profil vers le saint évêque. A droite, saint Antoine le Grand, vieillard à la longue barbe blanche, coiffé d'un bonnet jaune et vêtu d'un manteau sombre, dont le collet jaune est brodé du signe *tau*, est vu de trois-quarts, tourné vers le saint évêque, les yeux regardant à droite; il a la main gauche appuyée sur une béquille ornée de glands. Fond sombre.

Bois. Haut., 33 cent.; larg., 37 cent.

SANTA CROCE

(FRANCESCO DI SIMONE, dit RIZO DA)

Santa Croce. Fin du xvᵉ siècle.

25 — La Lapidation de saint Étienne.

Le saint, qui porte une riche dalmatique de brocart d'or, à parements brodés de figures en couleurs, est agenouillé au milieu du tableau, les bras étendus et le visage levé vers le ciel. La pierre que vient de lui lancer un homme en bleu, coiffé d'un haut bonnet rouge, debout à droite, l'atteint à la tête : du même côté, un autre homme, coiffé d'un turban, se baisse pour ramasser des pierres. A gauche, trois hommes, dont le premier s'apprête à lapider le diacre. Fond de campagne. Au ciel, le Père et le Fils apparaissent dans une gloire entourée de chérubins.

Bois. Haut., 51 cent.; larg., 36 cent.

SANTA CROCE

(FRANCESCO DI SIMONE, dit RIZO DA).

26 — Le Couronnement d'épines.

Dans la salle d'un palais, le Christ est assis, à droite, vu de profil et tourné vers la gauche, couronné d'épines, drapé d'un manteau blanc et tenant un roseau à la main. Autour de lui, des hommes le frappent et le tournent en dérision. Vers la gauche, un groupe de personnages contemple la scène, à laquelle semble présider Pilate, assis au fond, sur son trône. Au premier plan, à gauche, un homme vu de dos, en robe rouge, tenant une des colonnes embrassée ; à droite, derrière une autre colonne, un homme enveloppé dans une cape grise, rabattue jusqu'aux yeux.

Bois. Haut., 36 cent.; larg., 51 cent.

SCHEDONE

(BARTOLOMMEO)

Modène, 1560 † Parme, 1616.

27 — La Sainte Famille.

Vue en buste, de profil vers la gauche, la Vierge incline sa tête, couverte d'un voile drapé comme un turban, vers l'Enfant nu qu'elle tient devant elle, assis sur un linge blanc, et qui lui passe le bras gauche autour du cou. A droite, saint Joseph, de profil, les regards abaissés vers l'Enfant. A gauche, le petit saint Jean, vu en buste.

Bois. Haut., 31 cent.; larg., 24 cent.

Galerie F. Molinari, de Crémone (vente à Milan, 30 novembre 1885, n° 293).

Cf. A. Venturi, *la Galleria Crespi, etc., op. cit.*, pp. 51 et suiv.

STROZZI

(Attribué à BERNARDO),
dit IL CAPPUCCINO

Gênes, 1581 † Venise, 1644.

28 — Portrait d'un Cardinal.

En buste, il est tourné de trois-quarts vers la gauche, les regards dirigés à l'opposé. Sa tête ronde est coiffée d'une calotte rouge, d'où s'échappent des mèches de cheveux blancs; il porte des moustaches et une barbiche grises. Il est vêtu du camail de pourpre, le cou entouré d'une petite collerette blanche rabattue et empesée. Fond sombre.

Toile. Haut., 70 cent.; larg., 60 cent.

Exposé à la « Mostra del ritratto italiano » (Florence, 1911, n° 15).

Cf. A. Jahn Rusconi, *Exposition de portraits italiens à Florence*, dans *les Arts* (1911), n° 120, p. 18.

TALPINO

(ENEA SALMASIO ou SALMEGGIA, dit le)

Bergame, vers 1556 † Bergame, 1626.

29 — Sainte Conversation.

Dans le haut de la composition, la Vierge, assise sur des nuées et entourée d'anges, tient l'Enfant, qui se penche vers la gauche pour recevoir, de saint Jean l'Évangéliste agenouillé de ce côté, le livre des Évangiles ; de l'autre côté, est agenouillé saint Jean-Baptiste. Sur le sol, debout, de gauche à droite : saint Augustin, mitré, vêtu de la chape, portant sa crosse et un livre ; saint Firmin, en légionnaire romain, tenant une épée d'une main et la palme du martyre, de l'autre ; saint Roch, appuyé sur un bâton et montrant ses plaies ; et saint Bernardin, en robe blanche, la crosse en main, aux pieds duquel est étendu le démon. Fond de paysage.

Signé en bas, à gauche : *ÆNEAS SAL :*

Toile. Haut., 1 m. 06 ; larg., 78 cent.

Pinacothèque Scarpa, de Motta di Livenza (vente à Milan, 14 novembre 1895, n° 49).

ÉCOLE ITALIENNE

xv° siècle.

30 — La Nativité.

Au milieu du tableau, l'Enfant nu, couché à terre dans l'étable, est adoré par la Vierge, agenouillée à gauche et tournée de profil vers lui. Derrière l'Enfant, on aperçoit la tête de l'âne ; à droite, le bœuf couché ; et plus à droite encore, saint Joseph, debout, appuyé sur son bâton. Au-dessus de ce dernier, un ange plane dans le ciel bleu constellé d'étoiles. Sur la gauche, une muraille percée de deux portes. Fond de montagnes.

Les nimbes, les étoiles, ainsi que les rayons qui émanent de l'Enfant et de l'ange sont dorés.

Bois. Haut., 24 cent. ; larg., 38 cent.

École florentine.

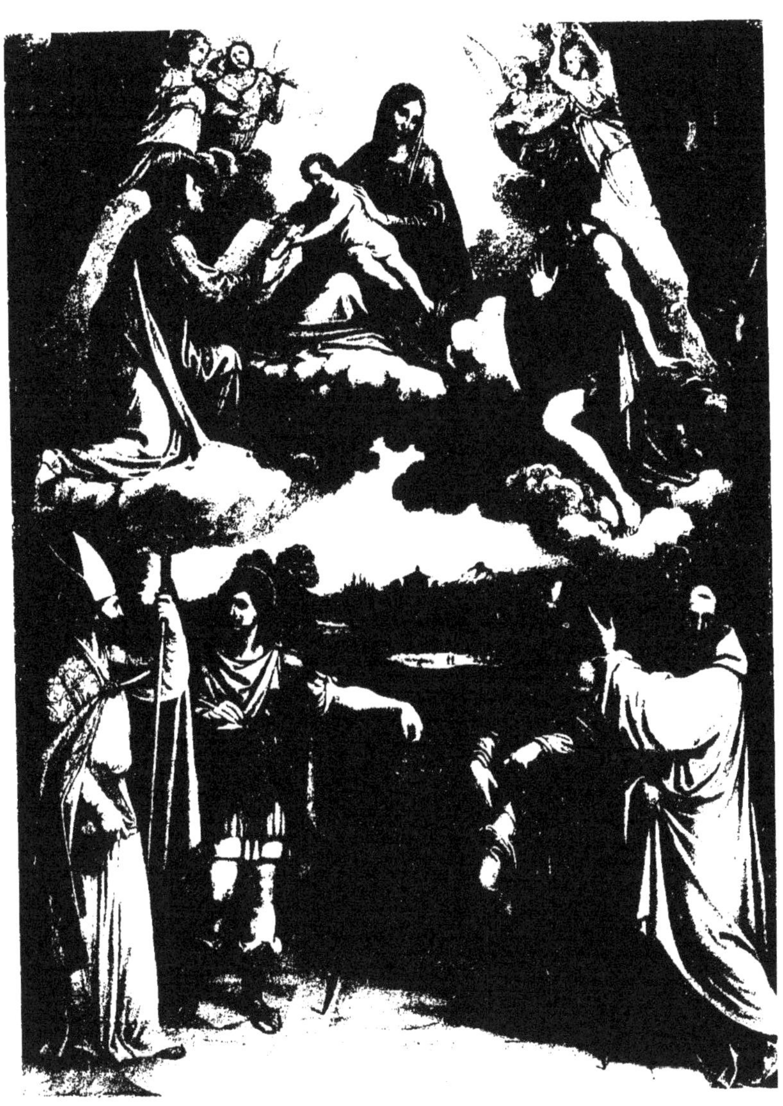

ÉCOLE ITALIENNE

xvᵉ siècle.

31 — La Nativité.

Sous le toit de l'étable, au milieu de la composition, la Vierge est agenouillée, les mains croisées sur la poitrine, les regards abaissés vers l'Enfant nu, couché à terre, vers la gauche, sur le pan du manteau bleu de sa Mère. De chaque côté de celle-ci, deux saints personnages sont agenouillés: à gauche, saint Joseph et saint Jean-Baptiste, tenant une croix rouge; à droite, un bénédictin avec un autre personnage. A gauche, le bœuf et l'âne passent leurs têtes de chaque côté d'une colonne. Au fond, perspective de campagne boisée et accidentée, où l'on voit des bergers et un troupeau de moutons. Dans le ciel, un ange plane, annonçant la naissance de Jésus.

Bois. Haut., 50 cent.; larg., 38 cent.

École lombarde.

ÉCOLE ITALIENNE

xvᵉ siècle.

32 — La Nativité.

La Vierge, tournée de trois-quarts vers la droite, est agenouillée, les mains jointes, adorant l'Enfant couché à terre dans les plis de son manteau. Derrière elle, l'étable, à une ouverture de laquelle on voit, en buste, saint Joseph, les yeux baissés, les bras croisés sur la poitrine. A droite, la crèche, avec le bœuf et l'âne, et sur le devant, de ce côté, deux anges agenouillés, qui chantent en tenant le même livre ouvert devant eux. Au fond, sur une colline verdoyante, un troupeau de moutons, gardé par deux bergers: un ange en robe rouge paraît dans le ciel, et déroulant une banderole, instruit les bergers de la naissance du Christ. Au sommet de la colline, un château-fort.

Bois. Haut., 63 cent.; larg., 53 cent.

École milanaise (?).

ÉCOLE ITALIENNE

XVIe siècle.

33 — La Nativité.

L'Enfant nu, couché au premier plan dans la crèche, garnie d'un linge blanc et posée à terre parmi les fleurs, est adoré par la Vierge, agenouillée à droite, les mains jointes, et par saint Joseph, agenouillé à gauche, les bras croisés sur la poitrine. Derrière l'Enfant, le bœuf et l'âne. Au fond, dans la campagne accidentée et plantée d'arbres, s'ébattent des lapins blancs; à droite, un gros arbre, et plus loin, un château sur une hauteur; à gauche, une éminence où des bergers, gardant leurs troupeaux, reçoivent d'un ange qui plane au ciel en déroulant une banderole, l'annonce de la naissance du Christ : *Noncio* [sic] *vobis gaudium magnum.*

Toile. Haut., 75 cent.; larg., 68 cent.

École vénitienne.

ÉCOLE ITALIENNE

XVIe siècle.

34 — La Cène.

Les Apôtres sont rangés autour de la table, les regards fixés sur le Christ, qui occupe le centre, et qui parle, les bras étendus; saint Jean est appuyé contre la poitrine de Jésus.

Toile. Haut., 72 cent.; larg., 1 m. 37.

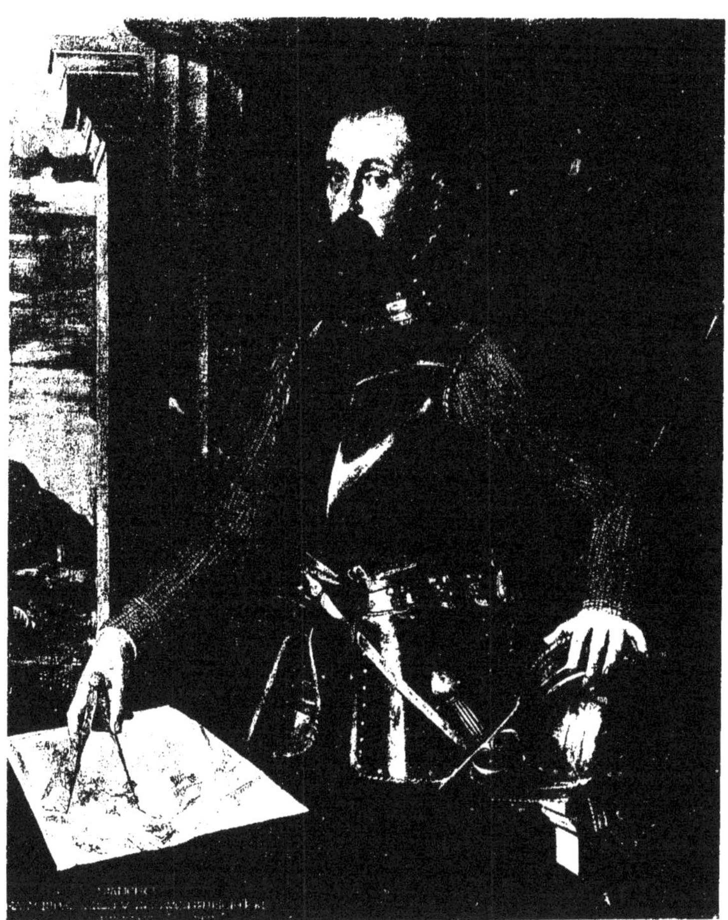

ÉCOLE ITALIENNE

XVIe siècle.

35 — Portrait d'un homme de guerre.

Représenté à mi-corps, debout, tourné de trois-quarts vers la gauche, les regards dirigés du côté opposé, il a le visage coloré et porte une épaisse barbe noire. Il est en armure et en cotte de mailles, l'épée au côté. La main gauche appuyée sur son casque, posé au premier plan, à droite, il tient de la droite un compas ouvert sur un plan de forteresse, étalé sur une table, à gauche. Au fond, à droite, un rideau vert ; à gauche, au delà d'un pilastre, du haut duquel tombe le rideau, on aperçoit, en contre-bas, une armée rangée en bataille et des canons derrière un rempart, au pied d'un escarpement boisé.

En bas, à gauche, les traces d'une inscription, où l'on distingue encore : *Francisci* | *Malacridæ* | *Caroli V imp. aug. Henrici II. re...* | *Demum...*

Toile. Haut., 1 m. 19; larg., 96 cent.

École de Bergame (?).

ÉCOLE ITALIENNE

XVIe siècle.

36 — Portrait de femme.

Elle est représentée à mi-corps, assise dans un fauteuil et tournée de trois-quarts vers la droite. Ses cheveux blonds, séparés au milieu du front, sont recouverts d'un voile rougeâtre qui tombe sur les épaules. Le visage est maigre et pâle ; les traits sont tirés, les yeux songeurs. Sur sa robe noire, elle porte une petite collerette blanche tuyautée. Elle tient un mouchoir de sa main droite, posée sur son genou, et un livre de sa main gauche appuyée au bras du fauteuil. Fond neutre.

Toile. Haut., 75 cent.; larg., 60 cent.

On lit, au dos, sur le châssis : *dalla Galleria Castelbarco di Milano.*

ÉCOLE ITALIENNE

XVIe siècle.

37 — Portrait d'un jeune seigneur.

En buste, tourné de trois-quarts vers la gauche, les yeux regardant à droite, il a ses cheveux bruns relevés et porte de légères moustaches et une petite « mouche » au menton. Une immense fraise tuyautée lui entoure le cou. Son pourpoint est vert foncé, avec des broderies noires. Fond jaunâtre.

Toile. Haut., 55 cent.; larg., 42 cent.

ÉCOLE ITALIENNE

XVIIe siècle.

38 — Le Baptême du Christ.

Debout dans l'eau du Jourdain, les bras croisés, les reins ceints d'un linge, le Christ incline à droite son visage et baisse les yeux, tandis qu'il reçoit le baptême de la main de saint Jean, debout à droite, à demi drapé dans une peau de bête et dans un pan d'étoffe rouge. A gauche, deux disciples du Christ assistent à la scène.

Toile. Haut., 38 cent.; larg., 30 cent.

ÉCOLE ITALIENNE

XVIIe siècle.

39 — L'Amour.

En buste, son visage, aux cheveux blonds, tourné de trois-quarts vers la droite, les regards fixés de ce côté, il est nu, les ailes éployées, la poitrine barrée par le baudrier de son carquois. De la main gauche, il tient un arc rouge, appuyé sur son épaule, et de la droite, une flèche dont il dirige la pointe vers la gauche.

Bois. Forme ronde. Diam., 24 cent.

ÉCOLE ITALIENNE

xviie siècle.

40 — **Saint Antoine.**

Vêtu d'une robe de bure, le saint est assis à terre, appuyé sur le coude gauche, et médite sur un crâne qu'il tient de la main droite. A gauche, un panier suspendu au-dessus de lui, à la branche d'un arbre mort. Derrière lui, un ermitage couvert de chaume. A droite, une haute croix de bois plantée en terre. Sur le devant, un livre sur une natte de paille à demi déroulée. Des arbres au fond.

Toile. Haut., 47 cent.; larg., 35 cent.

Pendant du numéro suivant.

Galerie du Marquis Mercurino Arborio di Gattinara (vente à Milan, 8-12 mai 1899, n° 81).

ÉCOLE ITALIENNE

xviie siècle.

41 — **Sainte Marie-Madeleine.**

A la porte d'une petite cabane couverte de chaume, la sainte est agenouillée, tournée de trois-quarts vers la gauche, les regards abaissés sur une croix de bois fichée en terre. La tête couverte d'un long voile blanc, elle porte une robe de bure. Elle a les bras croisés sur la poitrine et tient un chapelet de la main gauche. Sur le sol, à droite, un chapeau de paille et un livre. A gauche et à droite, des arbres.

Toile. Haut., 47 cent.; larg., 36 cent.

Pendant du numéro précédent.

Galerie du Marquis Mercurino Arborio di Gattinara (vente à Milan, 8-12 mai 1899, n° 82).

ÉCOLE ITALIENNE

XVIIe siècle.

42 — Portrait d'un jeune seigneur.

En buste, tourné de trois-quarts vers la gauche, il a les regards dirigés du côté opposé. Son visage, d'un ovale régulier, au nez court, aux lèvres rouges et charnues, est encadré de cheveux bruns et éclairé de deux grands yeux. Sur son pourpoint de couleur sombre, est appliquée une collerette de gaze unie. La main droite, à demi fermée, est ramenée sur la poitrine ; l'annulaire porte une bague d'or, avec une pierre précieuse. Fond sombre.

Toile. Haut., 62 cent. ; larg., 50 cent.

Galerie Giustiniani-Barbarigo, de Venise (vente à Milan, 16 janvier 1893, nº 43).

Précédemment attribué à Tiberio Tinelli.

ÉCOLE ITALIENNE

XVIIe siècle.

43 — Portrait d'un religieux.

En buste, légèrement tourné de trois-quarts vers la gauche, les regards fixés sur le spectateur, il a le visage encadré d'une épaisse barbe noire en collier. La bouche entr'ouverte, aux lèvres rouges et charnues, est surmontée de légères moustaches. Il porte une robe sombre, sur laquelle tranche un col blanc rabattu. Fond grisâtre.

Toile. Haut., 74 cent.; larg., 58 cent.

École de Bergame.

ÉCOLE ITALIENNE

XVIIIe siècle.

44 — Les Œuvres de miséricorde.

Au milieu de la composition, des religieux, debout à la porte de leur couvent, distribuent des aumônes à une foule de mendiants, hommes, femmes et enfants, qui s'approchent en tendant la main. A gauche, des mendiants s'en vont, après avoir eu leur part, et, sur le devant, une femme donne à boire à un malade étendu sur un grabat. A droite, un religieux s'avance, conduisant un âne chargé de légumes, et, sur le devant, une femme prépare la nourriture d'un vieillard assis à terre auprès d'elle. Ciel sombre.

Toile. Haut., 60 cent. ; larg., 79 cent.

Galerie du Marquis Mercurino Arborio di Gattinara (vente à Milan, 8-12 mars 1899, nº 148).

Ce tableau rappelle la manière de Magnasco.

ÉCOLE ITALIENNE

XVIIIe siècle.

45 — Scène vénitienne.

Plusieurs hommes, en élégants costumes du XVIIIe siècle, sont réunis, les uns assis et les autres debout, sous l'auvent de toile, rayée bleu et jaune, d'un café. L'un d'eux, en habit bleu, culotte et bas blancs, à cheval sur sa chaise, tend la main pour recevoir de petites chandelles de cire que lui présente une élégante marchande, en robe rose, fichu blanc et chapeau bleu, debout vers la droite, et portant son éventaire suspendu devant elle. A gauche, on aperçoit une file de maisons.

Toile. Haut., 40 cent. ; larg., 53 cent.

ÉCOLE ITALIENNE

XVIIIe siècle.

46 — Venise : l'Église de la Salute.

La vue est prise du Grand Canal, animé de gondoles, face à l'église de la Salute, à droite et à gauche de laquelle s'élèvent des maisons. Dominant celles de droite, qui bordent le Grand Canal, on distingue l'église de la Carità. Ciel bleu, avec quelques nuages blancs.

Toile. Haut., 35 cent.; larg., 45 cent.

DEUXIÈME PARTIE

ÉCOLES
ALLEMANDE, FLAMANDE, FRANÇAISE ET HOLLANDAISE

ASLOOT
(DENIS VAN)

Bruxelles, vers 1570 † ?, entre 1620 et 1626.

47 — **Paysage d'hiver.**

Au premier plan et à droite, près d'un bouquet d'arbres dépouillés de leurs feuilles et couverts de neige, des paysans cassent du bois que d'autres chargent sur une charrette. Au delà, s'étend un fleuve gelé, sur lequel s'ébattent des patineurs et que bordent, au fond et à droite, les maisons couvertes de neige d'un village. Un autre arbre sur la gauche, et, de ce côté, sur le devant, un groupe de patineurs. Ciel gris.

Cuivre. Haut., 18 cent.; larg., 28 cent.

Galerie du chevalier F. Meazza, de Milan (vente à Milan, 15 avril 1884, n° 240).

AVONT

(PETER VAN)

Mechlin, 1600 † Deurne, 1652.

48 — Le Repos en Égypte.

A droite, la Vierge, en robe blanche et manteau bleu, est assise sur les marches d'un petit monument. Tournée de profil vers la gauche, elle tient sur ses genoux l'Enfant nu, qui, la main gauche posée sur un globe, fait un geste de la droite vers le petit saint Jean, à genoux devant lui, et que deux anges accompagnent, l'un portant sa croix et l'autre jouant avec son agneau. A gauche, en contre-bas, près d'un ruisseau, saint Joseph accompagné de trois anges, dont l'un est monté sur l'âne de la Sainte Famille. Au fond, des arbres, avec, à gauche, une échappée sur la campagne. Effet de soleil couchant.

Signé à droite, sur la marche où la Vierge est assise : *P. V. Avont.*

Toile. Haut., 35 cent.; larg., 56 cent.

Collection du Comte G. B. Lucini Passalaqua, de Milan (vente à Milan, 14 avril 1885, nº 46).

BERGHEM

(Imitateur de NICOLAS ou CLAES PIETERSZ.)

Haarlem, 1620 † Amsterdam, 1683.

49 — Pastorale.

Vers la gauche, assis sur le bord d'une petite terrasse, devant sa demeure creusée dans le rocher, un berger en veste et culotte brunes, une draperie bleue lui entourant la taille, joue de la flûte, tandis que la bergère, en robe rouge, debout et vue de dos, tournée vers lui, file sa quenouille. De ce côté, sur le devant du tableau, un chien, des chèvres et des vaches ; à droite, au premier plan, deux arbres. Au delà du haut rocher qui ferme la composition sur la gauche, s'étend, à droite, une perspective de campagne, avec des habitations au fond. Ciel chargé de nuages, avec des lueurs rouges de soleil couchant.

Toile. Haut., 33 cent.; larg., 40 cent.

BOUT

(PIETER)

Bruxelles, 1658 † Bruxelles, après 1731.

50 — L'Annonce aux bergers.

Apparaissant sur les nuages, dans un rayonnement de lumière qui descend jusqu'au sol, un ange annonce la naissance du Christ aux bergers. Deux de ceux-ci, dont l'un en veste rouge, sont encore endormis, à droite; un troisième, vieillard à barbe blanche, drapé dans un manteau bleu, s'éveille et se lève, en s'aidant de son bâton. Autour d'eux, un troupeau de bœufs, de moutons et de chèvres, les uns debout, les autres couchés, éclairés par la lueur céleste. Fond de campagne sous la nuit.

Signé en bas, vers le milieu : *P. Bout, anno 1689.*

Bois. Haut., 34 cent.; larg., 27 cent.

Collection du Comte G. B. Lucini Passalaqua, de Milan (vente à Milan, 14 avril 1885, nº 50).

BRAND

(JOHANN CHRISTIAN)

Vienne, 1723 † Vienne, 1795.

51 — Bord de rivière.

Au premier plan, à gauche, une rivière vient se jeter dans un fleuve, animé de barques à voiles, qui s'étend sur la droite, jusqu'au fond de la composition. Sur la gauche, au delà de cette rivière, que traversent deux barques, se dresse une petite hauteur verdoyante, couronnée par une vieille maison construite sur une terrasse. Petits personnages çà et là. Ciel couvert de légers nuages gris et roses.

Signé dans l'angle inférieur gauche : *Brand.*

Bois. Haut., 26 cent.; larg., 31 cent.

Pendant du numéro suivant.

BRAND

(JOHANN CHRISTIAN)

52 — Bord de rivière.

Plusieurs barques de pêcheurs sont accostées dans une petite anse, ouvrant, à gauche, sur la mer qui s'étend jusqu'au fond de la composition. Au delà de l'anse, sur la droite, un promontoire, avec quelques maisons et des arbres. Plusieurs petits personnages çà et là, sur ce promontoire, et sur une pointe de terre, au premier plan, à gauche. Ciel couvert de légers nuages gris.

Signé dans l'angle inférieur droit : *Brand f.*

Bois. Haut., 26 cent.; larg., 31 cent.

Pendant du numéro précédent.

BREUGHEL

(ABRAHAM),
dit LE NAPOLITAIN

Anvers, 1672 + Rome, 1720.

53 — La Vierge et l'Enfant dans une guirlande de fleurs.

Vue à mi-corps, de face, la Vierge, en robe rouge, son manteau bleu jeté sur ses épaules, tient, debout sur un parapet, l'Enfant nu, qui fait mine de se blottir sous le voile de sa Mère. L'ovale, dans lequel ces deux figures sont réunies, est encadré d'une guirlande de fleurs et de fruits, parmi lesquels gambade un singe et où sont perchés divers oiseaux aux vives couleurs.

Toile. Haut., 39 cent.; larg., 35 cent.

CLOSTERMANN

(JOHANN)

Osnabrück, 1656 † Londres, 1713.

54 — Portrait d'une dame, présumée de la famille Visconti.

Elle est représentée en buste, le corps de face, le visage légèrement tourné de trois-quarts vers la droite, les yeux fixés sur le spectateur. Ses cheveux poudrés et relevés découvrent le front; les joues sont roses, les lèvres rouges et charnues. Sur son corsage décolleté et laissant passer le bord plissé de la chemise, elle porte un manteau jaune à doublure bleue; une écharpe rouge descend sur l'épaule droite. Derrière elle, de ce côté, un diadème sur une table.

Toile. Haut., 61 cent.; larg., 49 cent.

Pendant du numéro suivant.

CLOSTERMANN

(JOHANN)

55 — Portrait présumé de Gaspare Visconti.

Il est vu en buste, de trois-quarts à gauche, les yeux regardant en face. Son visage imberbe est encadré d'une haute et longue perruque poudrée. Il porte une collerette de dentelle, ornée de rubans roses et fermant sur la poitrine. Le manteau bleu, dans lequel il est drapé, laisse voir une riche doublure de brocart d'or. Fond sombre.

Toile. Haut., 61 cent.; larg., 49 cent.

Pendant du numéro précédent.

Suivant une inscription, au dos de ce tableau, ce portrait aurait été peint à Londres en 1703.

COURTOIS

(JACQUES),
dit LE BOURGUIGNON

Saint-Hippolyte, 1621 † Rome, 1676.

56 — Combat de cavalerie.

Vers la droite, dans la mêlée des hommes et des chevaux, on distingue un cavalier en rouge, monté sur un cheval blanc et brandissant une lance, sur lequel un autre guerrier en armure décharge un pistolet. A terre, un cheval blanc et son cavalier renversé. A gauche, un peu en contre-bas, un Turc à cheval lève son cimeterre sur un guerrier en armure, qui lui décharge un coup de pistolet. Perspective de campagne en contre-bas, avec des montagnes au fond. Au loin, un autre groupe de combattants.

Cuivre. Haut., 25 cent.; larg., 25 cent.

CRANACH LE VIEUX

(D'après LUCAS)

Kronach, 1472 † Weimar, 1553.

57 — Portrait d'homme.

En buste, tourné de trois-quarts vers la droite, les regards dirigés de ce côté, il est vêtu d'une houppelande rouge à col brun, sur un pourpoint de même couleur, échancré au cou. Ses longs cheveux châtains, encadrant son visage imberbe et tombant sur ses épaules, sont coiffés d'un bonnet rouge. Les bras sont ramenés sur le devant du corps, les mains l'une sur l'autre. Fond vert.

Papier collé sur bois. Haut., 18 cent.; larg., 15 cent.

DELEN

(DIRK VAN)

Heusden, 1605 † Arnenuijden, 1671.

58 — Le Concert au jardin.

Un jeune seigneur, en pourpoint rouge et chausses brunes, assis au premier plan, vers la droite, joue du luth, tourné vers une jeune femme en robe bleue, assise près de lui, et qui chante, en lisant sa musique dans un album ouvert sur ses genoux. A droite, un couple se promène dans un parterre fleuri, orné d'une fontaine à son centre et fermé par les bâtiments d'un somptueux palais. A gauche, un homme gravit les marches conduisant à un riche portique à colonnes de marbre. Au fond, au delà du dallage en damier noir et blanc qui couvre le sol au premier plan, des berceaux de feuillage, et, dans le lointain, une montagne.

Cuivre. Haut., 23 cent. ; larg , 35 cent.

DE NEIJN

(PIETER)

Leyde, 1597 † Leyde, 1639.

59 — Le Chemin de la ville.

A droite, sur une route, boueuse et creusée d'ornières, un homme monté sur un cheval blanc, une femme et un autre homme à pied, portant un bissac, s'en vont vers le fond de la composition, tandis que deux cavaliers s'avancent à leur rencontre. A l'arrière-plan, à gauche, un bouquet d'arbres; à droite, étendue de campagne découverte, jusqu'à l'horizon où l'on aperçoit la tour carrée d'un clocher pointant au milieu d'un bouquet d'arbres. Ciel gris.

On voit, en bas, à gauche, la trace d'une ancienne signature, devenue illisible, suivie de la date : *1627*.

Bois. Haut., 20 cent.; larg., 26 cent.

Galerie du chevalier F. Meazza, de Milan (vente à Milan, 15 avril 1884, nº 184).

Précédemment attribué à J. Van Goyen.

DYCK

(D'après ANTOINE VAN)

Anvers, 1599 † Blacfriars, 1641.

60 — Déposition de la croix.

Le Christ mort, qui vient d'être descendu de la croix, repose à droite, à demi étendu sur un tertre, sur lequel est jeté un linge, et tourné vers la gauche. Son bras gauche tombe inerte; son bras droit est étendu sur les genoux de la Vierge, agenouillée derrière son Fils, et qui lève les yeux au ciel, en montrant de la main le divin cadavre. A gauche, la Madeleine, mettant un genou en terre, porte à ses lèvres la main droite de Jésus. Plus à gauche encore, saint Jean, debout, un manteau rouge à la main.

Toile. Haut., 61 cent.; larg., 66 cent.

LARGILLIERRE

(École de NICOLAS DE)

Paris, 1656 † Paris, 1746.

61 — Portrait d'un seigneur.

En buste, le corps tourné de profil à droite, le visage imberbe et replet vu presque de face, les yeux regardant le spectateur, il porte une longue perruque poudrée. Sur son riche pourpoint, dont on aperçoit seulement le bas des manches ouvertes sur celles de la chemise, bouffantes et bordées de dentelle, est drapé un manteau jaune orangé. Au-dessous de sa main gauche, appuyée sur sa poitrine, on voit la croix de Saint-Louis, suspendue à son ruban rouge. La main droite est ramenée sur le devant du corps. Au fond, à droite, une échappée sur la campagne, au delà d'une colonne. Dans l'angle supérieur gauche, les armoiries du personnage.

Toile. Haut., 50 cent.; larg., 38 cent.

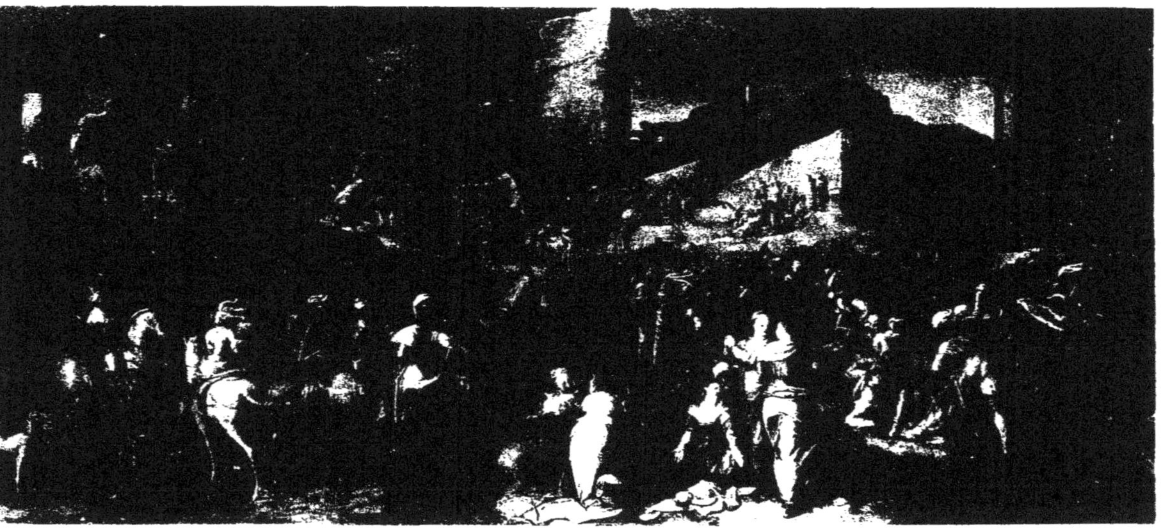

62

MANDER LE VIEUX

(KAREL VAN)

Meulebeke, 1548 † Amsterdam, 1606.

62 — Le Massacre des Innocents.

Devant les murs d'une ville, à gauche de la composition, Hérode, représenté sous la figure d'un Turc enturbanné et vêtu d'un manteau rouge, monté sur un cheval blanc et entouré d'une escorte de cavaliers aux riches costumes, préside au massacre qu'il a ordonné. A quelque distance, vers le milieu, un héraut à cheval lit l'édit du roi à un groupe d'habitants. A droite, une mêlée s'engage entre les soldats et les habitants. Sur le devant, un groupe de mères se désolent devant leurs enfants morts. Au fond, des soldats et des cavaliers pourchassent les victimes.

Signé en bas, à droite : *K. Mander, 1600. Fe.* [le *K* et l'*M* en monogramme].

Bois. Haut., 77 cent.; larg., 1 m. 70.

Collection du Comte G. B. Lucini Passalaqua, de Milan (vente à Milan, 14 avril 1885, nº 53).

MIEL

(JAN)

Vlaerdingen, 1599 † Turin, 1664.

63 — Le Repos des bergers.

A l'ombre d'un haut rocher, qui ferme toute la partie droite de la composition, des bergers sont réunis : l'un d'eux, en veste rouge, est étendu à terre, à droite, près d'une femme filant à la quenouille; un autre, au milieu, s'apprête à monter à cheval. Autour d'eux, des moutons et des chèvres. Sur la gauche, au premier plan, une vache et un mouton couchés, et plus loin, une perspective de campagne boisée, éclairée par le soleil couchant, où l'on voit deux hommes, l'un à pied et l'autre à cheval, qui s'en vont vers le fond du tableau.

Toile. Haut., 49 cent.; larg., 60 cent.

Collection du Comte G. B. Lucini Passalaqua, de Milan (vente à Milan, 14 avril 1885, nº 45).

MOLENAER
(KLAES)

Haarlem, ? † Haarlem, 1676.

64 — **Bords de rivière.**

Une rivière, venant de la droite, s'en va vers le fond du tableau. Sur la rive droite, s'élèvent les ruines d'un château-fort et, plus loin, parmi des arbres, une maison et une église au clocher pointu. A gauche, une chaumière, et, sur le bord de l'eau, où est plantée une haute balise, deux grosses bouées rondes. Divers petits personnages sur la rive droite; d'autres dans des barques, et d'autres encore, à gauche, parmi lesquels un homme préparant l'une des bouées. Au fond, une barque à voile. Ciel chargé de nuages gris.

Signé en bas, à droite : *K. M.*

Bois. Haut., 35 cent.; larg., 58 cent.

Pinacothèque Scarpa, de Motta di Livenza (vente à Milan, 14 novembre 1895, nº 18).

Reproduit dans le catalogue de la vente Scarpa.

Cf. G. Frizzoni, *la Pinacoteca Scarpa,* dans *l'Archivio storico dell'arte,* 1895), p. 421.

MOLIJN
(PIETER),
dit LE TEMPESTA

Haarlem, 1632 † Milan, 1701.

65 — **L'Abreuvoir.**

Sur le devant de la composition, un troupeau de moutons, conduit par un berger, s'abreuve à un ruisseau, qui vient du fond, en passant derrière un énorme rocher, occupant toute la partie droite du tableau. A gauche, de grands arbres, sur l'autre rive du ruisseau, avec une perspective de campagne, fermée par des escarpements boisés. Sur le rocher, à droite, deux paysans et un chien. Ciel chargé de lourds nuages gris, éclairés par le soleil couchant.

Toile. Haut., 50 cent.; larg., 80 cent.

Collection du Comte G. B. Lucini Passalaqua, de Milan (2e partie, vente à Milan, 10 juin 1897, nº 29).

ORIENT
(JOSEPH)

Burbach, 1677 † Vienne, 1737.

66 — Paysage d'hiver.

Sur une rivière gelée, qui serpente au fond d'une profonde vallée couverte de neige, des villageois se livrent aux plaisirs du patinage. A gauche, un groupe de maisons sur une hauteur dominant la rivière, et, derrière, plus à gauche encore, un bois de sapins. A droite et au fond, des maisons sont étagées sur les divers escarpements boisés, dont le plus éloigné s'élève presque jusqu'au sommet du tableau. Petits personnages çà et là. Ciel gris.

Toile. Haut., 37 cent.; larg., 48 cent.

Les figures sont attribuées à Franz de Paula Ferg (Vienne, 1689 † Londres, 1740).

POELENBURGH
(CORNELIS VAN)

Utrecht, 1586 † Utrecht, 1667.

67 — Baigneuses *(tableau à double face).*

D'un côté : A droite, un homme, le corps drapé dans un pan d'étoffe jaune, est assis, vu de dos, regardant deux enfants nus qui jouent avec un chien. A gauche, des jeunes femmes à demi nues arrivent à cheval et sont reçues par une de leurs compagnes, nue, qui, les pieds dans l'eau d'un ruisseau, saisit le premier cheval par la bride. Au milieu, un fleuve avec, au delà, une ville dominée par une tour ronde, que surmonte un mât où flotte une oriflamme blanche. Ciel bleu, chargé de nuages à gauche et au fond.

De l'autre côté : Trois jeunes femmes sont assises vers la droite de la composition, et une, plus âgée, se tient debout du même côté; celle qui se trouve le plus à droite est entièrement nue. Vers la gauche et en contre-bas, trois autres s'essuient, au sortir du bain qu'elles viennent de prendre dans le cours d'eau qu'on voit de ce côté. Sur l'autre rive, à gauche, une ruine. Perspective de paysage à droite, avec des montagnes au fond. Ciel bleu, nuageux au milieu, et rose à l'horizon.

Cuivre. Haut., 26 cent.; larg., 30 cent.

Collection A. Pedrazzini, de Milan.

RIJCKAERT

(DAVID)

Anvers, 1612 † Anvers, 1661.

68 — Le Chirurgien.

A gauche, assis sur une chaise dans la chambre d'un chirurgien, un homme aux vêtements troués, tourné de profil vers la droite, étend sur un escabeau sa jambe gauche blessée que l'homme de l'art est occupé à panser. Celui-ci vu de face, le nez chaussé de bésicles, tient de la main gauche les bandes qui entourent le pied de l'homme et, de la droite, introduit, à l'aide d'une pince, un pansement dans la blessure. Derrière lui, un curieux se penche pour voir l'opération. A droite, un chien endormi, près d'une table chargée de fioles et de pots. Au delà, de ce côté, la porte de la chambre ouvre sur une rue, où passe un homme; de l'autre côté de la rue, une maison.

Signé au milieu, sur le billot du fond : *D. Ryc. f. 1638.*

Bois. Haut., 42 cent.; larg., 55 cent.

RUBENS

(École de P. P.)

Siegen, 1577 † Anvers, 1640.

69 — Ponce Pilate.

Debout à gauche, un jeune serviteur, portant une aiguière, verse de l'eau sur les mains de Pilate, au-dessus d'un plateau posé sur un petit trépied. Le gouverneur assis vers la gauche, vêtu d'une houppelande rouge garnie de fourrure, lève sa tête barbue, coiffée d'un turban jaune, vers deux hommes debout à droite et qui lui rendent compte des désirs du peuple. L'un d'eux fait un geste de la main vers l'arrière-plan, à droite, où l'on aperçoit des hallebardes et des lances. A gauche, au fond, un rideau rouge.

Bois. Haut., 65 cent.; larg., 50 cent.

Galerie du Chevalier F. Meazza, de Milan (vente à Milan, 15 avril 1884, nº 261).

Collection Canadelli, de Milan (vente à Milan, 15 février 1897, nº 91).

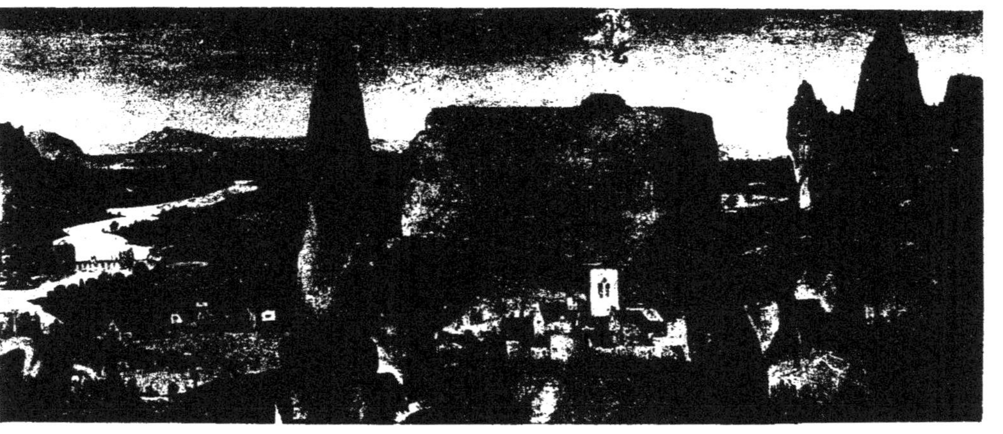

RUISDAEL

(Attribué à JACOB ISAACKSZ. VAN)

Haarlem, 1628-29 † Haarlem, 1682.

70 — Maisons à la lisière d'un bois.

Sur un chemin qui, venant de la droite, monte vers trois maisons occupant le fond du tableau, et dont on aperçoit les pignons à l'ombre de grands arbres, un villageois et une villageoise se sont arrêtés pour converser. Plus loin, un homme et un cheval.

On lit, en bas, à droite, l'initiale : *R.*

Bois. Haut., 37 cent.; larg., 29 cent.

Galerie du Chevalier F. Meazza, de Milan (vente à Milan, 15 avril 1884, nº 182).

SAVERY

(ROELANDT)

Courtrai, 1576 † Utrecht, 1639.

71 — La Grotte de sainte Marie-Madeleine.

Au centre d'un vaste panorama animé de petits personnages, s'élève, près d'un village, un énorme rocher creusé d'une grotte, vers laquelle des fidèles se rendent en pèlerinage. Sur la gauche, au delà d'un haut rocher en pain de sucre, une plaine, dans laquelle serpente un fleuve qui s'en va vers le fond du tableau. A droite, une prairie, où s'ébattent divers animaux; plus loin, des rochers et une perspective de vallée en contre-bas. Au ciel, on voit une petite figure de la sainte, portée par des anges.

Signé sur un rocher arrondi, qui se trouve en bas, à droite, près d'une maison : *Roland Savery.*

Bois. Haut., 31 cent.; larg., 70 cent.

Galerie du Marquis Mercurino Arborio di Gattinara (vente à Milan, 8-12 mai 1899, nº 197).

Photographie Anderson, nº 1483.

Reproduit dans A. VENTURI, *la Galleria Crespi, etc., op. cit.*, p. 291.

Cf. A. VENTURI, *la Galleria Crespi, etc., op. cit.*, p. 291.

SAVERY

(Attribué à ROELANDT)

72 — Le Repos de la Sainte Famille.

Les saints personnages n'occupent qu'une toute petite partie du tableau. La Vierge, portant l'Enfant sur ses genoux, est assise au-dessous d'un petit tertre, dans l'angle inférieur gauche de la composition, ayant en face d'elle saint Joseph, en manteau rouge, assis près de son âne et tirant des provisions du panier posé à ses pieds. De grands arbres se dressent au-dessus d'eux, et d'autres arbres touffus occupent toute la droite, entourant une petite mare bordée de roseaux et d'iris en fleurs, où s'ébattent des oiseaux aquatiques. Au fond, à gauche, échappée sur des montagnes.

Toile. Haut., 37 cent.; larg., 46 cent.

SCHALCKEN

(Attribué à GODFRIED)

Made, 1643 † La Haye, 1706.

73 — Le Concert.

Un jeune cavalier, vêtu de rouge et coiffé d'un large feutre à plume blanche, est assis à droite, le corps de profil et tourné vers la gauche, le visage presque de face, les yeux fixés sur le spectateur; il chante, en s'accompagnant d'un luth. A gauche, vue presque de face, une jeune femme chante également, son visage, aux cheveux blonds, penché sur le livre de musique qu'elle tient ouvert devant elle. La scène est éclairée par une chandelle, dont la lumière est masquée par le bras du joueur de luth.

Bois. Haut., 62 cent.; larg., 52 cent.

Galerie du Chevalier F. Meazza, de Milan (vente à Milan, 15 avril 1884, nº 108).

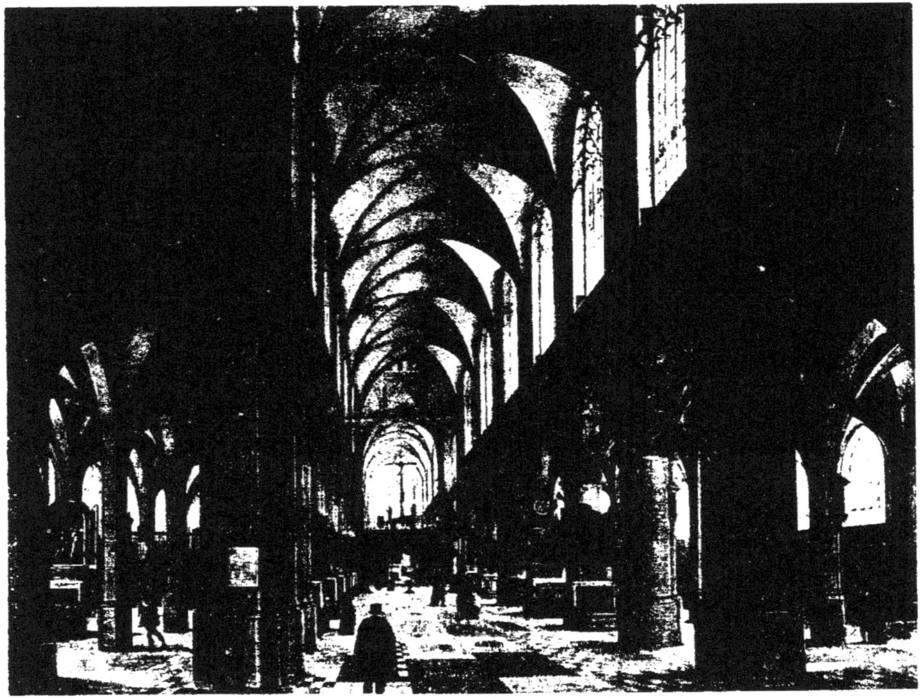

SORGH

(Attribué à HENDRICK MAERTENSZ.)

Rotterdam, vers 1611 † Rotterdam, 1670.

74 — Scène domestique.

Dans une chambre, une jeune mère fait la toilette d'un petit enfant nu, qu'elle a couché sur une chaise et dont elle tient, d'une main, les deux jambes relevées. A gauche, un homme et une femme, assis devant l'âtre et vus de dos; sur le devant, de ce côté, le berceau de l'enfant. A droite, au premier plan, un enfant assis dans une chaise basse et un autre à genoux devant lui ; au fond, de ce côté, une table. Entre la mère et cette table, un petit enfant cherche à se dresser contre un banc.

Bois. Haut., 21 cent.; larg., 35 cent.

Galerie du Marquis Mercurino Arborio di Gattinara (vente à Milan, 8-12 mai 1899, nº 194).

STALBENT

(ADRIAEN VAN)

Anvers, 1580 † Putte, 1662.

75 — Les Plaisirs de l'hiver.

La vue est prise du milieu d'un petit canal gelé, qu'enjambe un haut pont de bois en dos d'âne et sur lequel une foule de patineurs se livrent à leur divertissement favori. Les deux rives sont animées de nombreux curieux et bordées de maisons; sur la rive droite, se tient un marché aux bestiaux, près des bâtiments d'un couvent. Ciel bleu, avec des nuages blancs.

Signé dans l'angle inférieur droit : *A. Stalbemt* [sic] *ft.*

Cuivre. Haut., 20 cent.; larg., 31 cent.

Pendant du numéro suivant.

STALBENT
(ADRIAEN VAN)

76 — Les Plaisirs de l'été.

Dans les jardins d'un palais qui s'étend au fond, depuis la gauche jusque vers le milieu de la composition, s'ébat une nombreuse compagnie. A gauche, des seigneurs et des dames se rafraîchissent, assis sous une galerie; et au premier plan, deux couples se promènent en barque. Au fond, vers le milieu, d'autres couples parcourent les allées d'un jardin, orné de fontaines et de statues. A droite enfin, d'autres seigneurs et des dames dansent ou se divertissent à l'ombre de beaux arbres. Ciel bleu, avec quelques nuages.

Cuivre. Haut., 20 cent.; larg., 31 cent.

Pendant du numéro précédent.

STEENWIJCK LE VIEUX
(HENDRICK VAN)

Steenwijck, 1550 † Francfort, 1603.

77 — Intérieur d'église.

La vue est prise du fond de la nef principale d'une église gothique à cinq nefs. Au fond, le chœur, fermé par un jubé. A droite et à gauche, les bas-côtés éclairés par des vitraux. A chacune des colonnes de la grande nef, sont disposés des autels surmontés de peintures. Le sol est dallé de marbre de couleur. Petits personnages çà et là.

Bois. Haut., 50 cent.; larg., 63 cent.

Photographie Anderson, nº 3472.
Reproduit dans A. Venturi, *la Galleria Crespi, etc., op. cit.*, pl., p. 322.
Cf. A. Venturi, *la Galleria Crespi, etc., op. cit.*, p. 321.

Ce tableau a été attribué à Jan Vredeman de Vries, maître de H. van Steenwijck, et aussi à L. van Steenwijck le jeune.

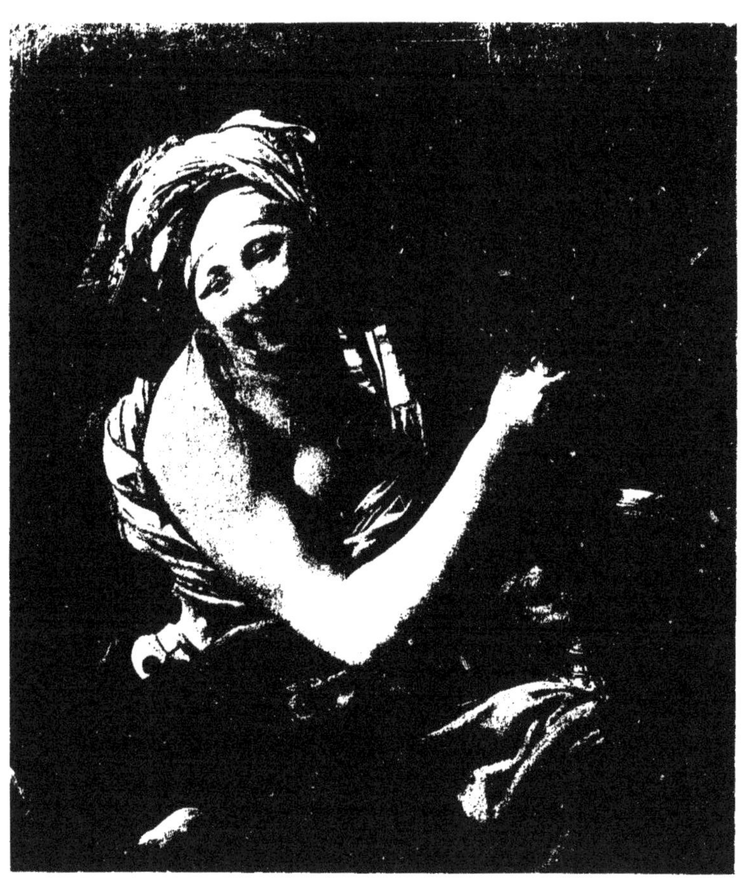

STEENWIJCK LE VIEUX

(École de HENDRICK VAN)

78 — Sujet allégorique.

Devant un haut et magnifique portique, donnant accès à un palais que l'on voit à droite, une assemblée de savants discute autour d'une longue table, couverte d'un tapis rouge et chargée de livres, d'un globe terrestre, etc. Sur le devant, un savant à longue barbe est assis à l'écart, devant une table portant un livre. A gauche, près d'une statue de Jupiter, dressée sur un socle, un groupe où l'on distingue un cardinal, un religieux, un Turc, etc., est en conversation; au pied de la statue, des mitres, des couronnes, un chapeau de cardinal, des livres, des vaisselles précieuses, etc. Plus à gauche encore, un carrosse escorté de divers personnages traverse un jardin, fermé par les bâtiments d'un palais. Au fond, une charmille, et au delà du péristyle, un autre palais. A droite, dans une galerie ouvrant sur le devant, un peintre près de son chevalet.

Bois. Haut., 52 cent.; larg., 71 cent.

TER BRUGGEN

(HENDRIK)

Deventer, 1588 † Utrecht, 1629.

79 — La Bacchante au singe.

Elle est assise, le corps tourné de trois-quarts vers la droite, le visage rieur, vu presque de face et penché vers le spectateur. Sur la tête, elle porte un volumineux turban de soie blanche à dessins rouges. Son manteau rouge et sa chemise blanche laissent à découvert la gorge et le bras droit, levé vers la droite, pour presser une grappe de raisins dans une large coupe d'or, qu'elle tient de la main gauche. On voit, en bas, à droite, un peu de sa robe bleue, et, sur la gauche, l'angle d'une table, où sont posés des fruits et où est assis un petit singe tenant une grappe de raisins noirs.

Signé en bas, vers la droite, sur le fond : *H. T. Brugghen, fecit. 1627* [*H. T. B.* en monogramme].

Toile. Haut., 1 m. 3; larg., 90 cent.

Une étiquette, au dos de ce tableau, semble indiquer qu'il provient de la famille Litta, de Milan.

Collection N. Bianco, de Turin (vente à Milan, 25-26 novembre 1889, nº 8).

Reproduit dans le catalogue de la vente de la collection N. Bianco, de Turin, pl. I.

VELDE

(Attribué à ESAIAS VAN DE)

Amsterdam, vers 1590 † La Haye, 1630.

80 — L'Attaque des paysans.

Sur une route, à la lisière d'un bois, une voiture de paysans, attelée de deux chevaux, est attaquée par des hommes armés. L'un de ceux-ci, à pied, tient les chevaux par la bride, tandis qu'un des paysans, assis sur le cheval de gauche, l'implore, les mains jointes. Un autre homme, monté sur un cheval bai, regarde sous la bâche qui recouvre la voiture, à la grande terreur du conducteur. Deux autres assaillants, le mousqueton à la main, accourent de la gauche pour prêter main-forte à leur compagnon. Un paysan, poursuivi par un des malfaiteurs, s'enfuit vers le fond, où l'on aperçoit au loin un clocher parmi les arbres.

Bois. Haut., 27 cent.; larg., 38 cent.

VENNE

(ADRIAEN VAN DER)

Delft, 1589 † La Haye, 1662.

81 — La Grand'route.

Nombreux petits personnages sur une route bordée d'arbres, qui descend vers le fond du tableau : des seigneurs à cheval, des voyageurs en voiture, des paysans et des paysannes avec leurs enfants, une mendiante, etc. Dans un champ, à gauche, une femme trait ses vaches. Vaste perspective de campagne découverte et accidentée, au fond, en contre-bas, jusqu'à l'horizon fermé de montagnes ; au milieu de cette étendue, un moulin à vent.

Cuivre. Haut., 24 cent.; larg., 33 cent.

Galerie du Chevalier F. Meazza, de Milan (vente à Milan, 15 avril 1884, n° 238).

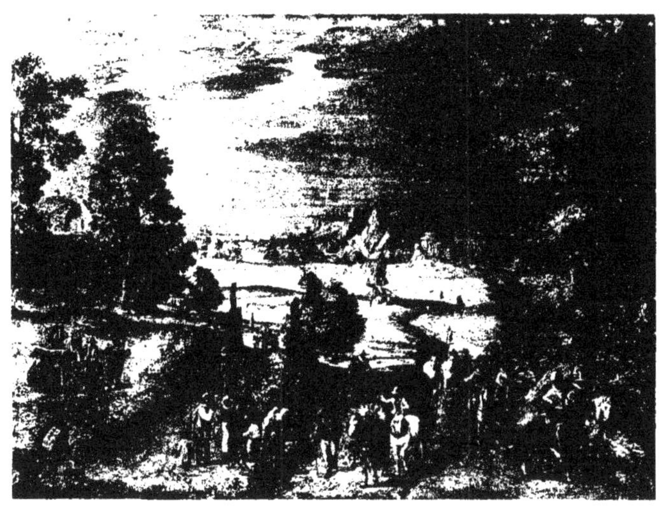

81

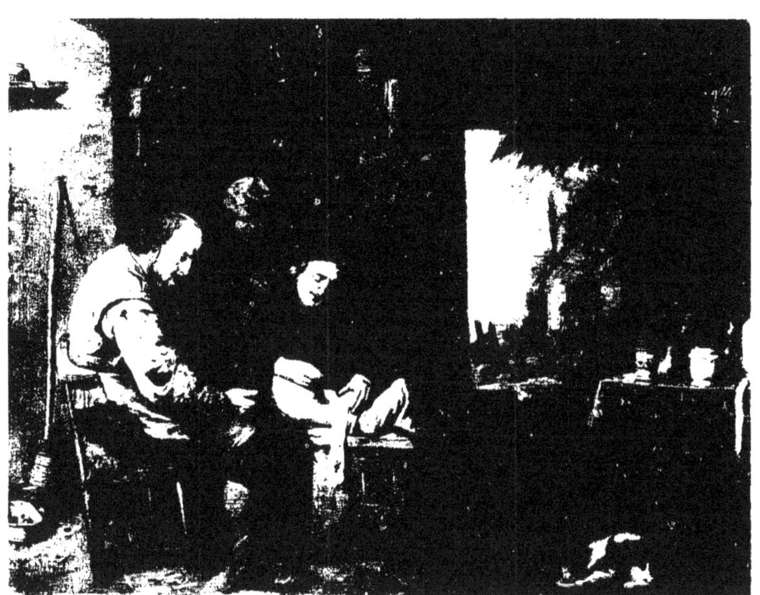

68

WOUWERMAN

(École de PHILIPS)

Haarlem, 1619 † Haarlem, 1668.

82 — Chasse au cerf.

Sortant d'un bois que l'on voit à droite, des cavaliers poursuivent un cerf qui s'enfuit dans la campagne, harcelé par les chiens. L'un de ces cavaliers, qui galope au premier plan, à gauche, lève la main droite pour effrayer l'animal. Vers le fond, deux autres pressent la bête. Enfin, à droite, un seigneur en culottes rouges, monté sur un cheval blanc, et une amazone en robe jaune suivent la chasse au grand galop de leurs montures.

Bois. Haut., 46 cent.; larg., 63 cent.

Galerie du Marquis Mercurino Arborio di Gattinara (vente à Milan, 8-12 mai 1899, n° 199).

ÉCOLE FLAMANDE

XVIe siècle.

83 — La Partie d'échecs.

Assise à droite, au premier plan, et vue de profil, à mi-corps, tournée vers la gauche, une jeune femme prend une pièce sur un échiquier posé devant elle, sur une table. Un homme assis près d'elle, au fond et vu de face, en houppelande bordée de fourrure, lui indique de la main le coup qu'elle doit jouer. Il a debout, derrière lui, une femme qui lui met la main sur l'épaule, en adressant la parole à un homme en manteau brun sur un costume jaune à manches rouges, assis à gauche, en face de la joueuse. A l'arrière-plan, divers personnages : à gauche, trois hommes conversant ensemble; vers le milieu, un homme, coiffé d'une toque rouge; à droite, une femme, la tête couverte d'une coiffe blanche, entourée de trois hommes.

Bois. Haut., 28 cent.; larg., 36 cent.

Copie ancienne d'une peinture flamande du XVIe siècle, dont l'original fait partie des collections de Lord Pembroke, à Wilton House.

ÉCOLE FLAMANDE

XVIIe siècle.

84 — Diogène.

Il est vu de face, à mi-corps. Son visage au teint coloré, sillonné de rides, montre une bouche édentée, encadrée de moustaches et d'une courte barbe. Il est coiffé d'un feutre brun et porte une souquenille rougeâtre, sur laquelle un bissac est passé en bandoulière. De la main droite, il s'appuie sur un bâton fourchu, et de la gauche levée, il tient une lanterne allumée. Fond sombre.

Toile. Haut., 58 cent.; larg., 45 cent.

Collection Canadelli, de Milan (vente à Milan, 15 février 1897, n° 97).

ÉCOLE FRANÇAISE

XVIIe siècle.

85 — Portrait d'homme.

Il est représenté en buste, de trois-quarts à droite, les regards tournés du côté opposé. Une grande perruque brune encadre le visage imberbe. Sur son pourpoint, qu'on distingue à peine, il porte un rabat de batiste, tombant à plat et bordé d'une large bande de dentelle. Fond sombre.

Toile. Haut., 53 cent.; larg., 44 cent.

ÉCOLE MODERNE

Commencement du XIXe siècle.

86 — Portrait d'un artiste.

Vu en buste, le corps tourné de trois-quarts à gauche, et le visage de trois-quarts à droite, les regards dirigés et levés de ce côté, la bouche entr'ouverte, il est entièrement rasé, avec seulement de courts favoris encadrant l'oreille. Sur son front, flottent quelques mèches de ses cheveux grisonnants. Il porte un habit brun, ouvert sur un gilet chamois, et il a le cou entouré d'une haute cravate de lingerie. Le bras gauche est ramené sur le devant du corps, la main fermée sur le bord d'un carton à dessin. Fond de paysage indistinct.

Bois. Haut., 33 cent.; larg., 30 cent.

Ce portrait a été désigné comme le portrait de J.-L. David par lui-même. Signalé dans le guide Bædeker.

ÉCOLE MODERNE

Commencement du XIXe siècle.

87 — Au bord du lac.

Au premier plan, vers la droite, une jeune femme en robe blanche, coiffée d'un chapeau de paille, et vue presque de face, est assise à terre et dessine sur un album ; un jeune homme la regarde, debout près d'elle, le chapeau à la main. De ce côté, sur un chemin qui monte, un villageois s'en va vers le fond du paysage, fermé par deux plans de hauteurs verdoyantes. Sur la gauche, le sol s'abaisse en pente douce jusqu'au bord d'un lac bleu, au delà duquel s'étend, jusqu'à l'horizon, une suite d'escarpements. Deux arbres touffus, au premier plan, à gauche ; un grand arbre mort sur la droite. Ciel chargé de nuages blancs, roses à l'horizon.

Bois. Haut., 37 cent.; larg., 49 cent.

Photographie Anderson, no 3452.
Reproduit dans A. Venturi, *la Galleria Crespi, etc.*, *op. cit.*, p. 324.
Cf. A. Venturi, *la Galleria Crespi, etc.*, *op. cit.*, pp. 323 et suiv.

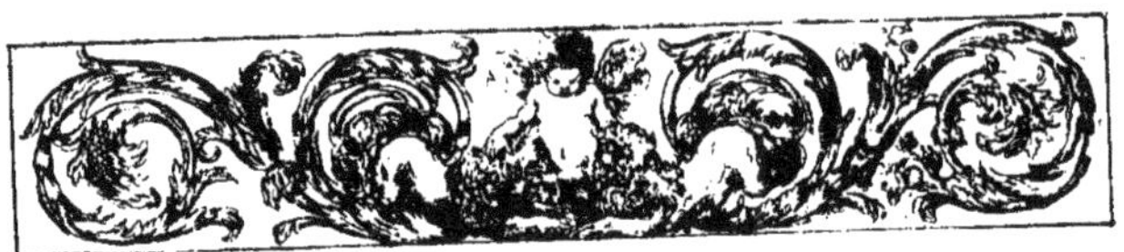

SCULPTURES

ÉCOLE ITALIENNE

XVIIe siècle.

88 — **Mariage mystique de sainte Catherine.**

Assise sur un trône et tournée vers la droite, la Vierge tient sur ses genoux l'Enfant Jésus, qui se penche vers sainte Catherine, à genoux sur les marches du trône. Des anges planent dans le ciel, l'un d'eux portant une couronne ; deux autres anges, debout à gauche, jouent du luth ; un autre est assis, de ce côté, sur les marches du trône, la main sur l'épaule d'une jeune femme assise près de lui. Au fond, entre des colonnes supportant une draperie, derrière la Vierge, des personnages regardent la scène.

Bas-relief en terre cuite. Haut., 52 cent. ; larg., 42 cent.

ÉCOLE ITALIENNE

XVIIe siècle.

89 — **Pietà.**

La Vierge, tournée de trois-quarts à gauche, soutient sous les bras le Christ, affaissé sur les genoux, au premier plan. A droite, un ange, debout, porte à ses lèvres la main de Jésus ; un autre ange, assis à gauche, aide la Vierge à soutenir le bras de son Fils. Des arbres de chaque côté et une ville au loin.

Ancienne porte de tabernacle. Vers la gauche, au-dessus de la tête de l'ange, on remarque une ouverture pratiquée pour la serrure. Traces d'or et de peinture.

Bas-relief en bois sculpté. Haut., 29 cent. ; larg., 23 cent.

www.ingramcontent.com/pod-product-compliance
Ingram Content Group UK Ltd.
Pitfield, Milton Keynes, MK11 3LW, UK
UKHW022125260726
13993UKWH00003B/1230